Jan Roewer

Der Hamburger Hafen

Fotografien von gestern und heute

deutsch | english

Wartberg Verlag

1. Auflage 2005

Satz und Layout: Grafik & Design Ulrich Weiß, Gudensberg
Druck: Druckerei Bernecker, Melsungen
Buchbinderische Verarbeitung: Buchbinderei Büge, Celle

34281 Gudensberg-Gleichen, Im Wiesental 1
Telefon (0 56 03) 9 30 50
www.wartberg-verlag.de
ISBN 3-8313-1592-2

Fotonachweis: Archiv J. Roewer

Die in der Karte markierten Ziffern verweisen auf die Zahlen an den Bildunterschriften der historischen Fotografien.

Deutschlands Tor zur Welt

Die Einrichtung des Freihafens 1888 und der Aufschwung, den der Hamburger Hafen daraufhin nahm, waren Anlass für Franz Schmidt und Otto Kofahl, im Jahr 1908 170 Fotografien des Hamburger Hafens in einem Tafelband zu veröffentlichen. Diese dokumentieren damit eine wirtschaftlich bedeutende und lebendige Phase in der Geschichte des Hamburger Hafens. Wichtige Impulse für diesen Aufschwung gab die Einrichtung des Freihafens 1888. Dabei handelt es sich um ein Gebiet, in dem per Schiff gelieferte Waren zunächst nicht verzollt werden müssen, Abgaben sind erst bei der tatsächlichen Einfuhr der Waren zu entrichten. Diese Regelung führte zur Einrichtung eines riesiges Warenlagers, dessen Kern die berühmte Speicherstadt bildet. Noch heute ist die Speicherstadt mit ca. 350 000 m² eine der größten zusammenhängenden Lagerhauseinrichtungen der Welt.

Für den vorliegenden Band wurden gut 50 historische Fotografien ausgewählt und diesen Motiven aktuelle Fotos gegenübergestellt. Deutlich wird mit dieser Anordnung der starke Wandel, den der Hamburger Hafen in den vergangenen knapp 100 Jahren durchlaufen hat. Ganze Hafenbecken existieren nicht mehr, sie wurden oft mit dem Schutt der im Zweiten Weltkrieg zerstörten Häuser aufgefüllt; in Anderen ist der Schiffsverkehr fast völlig zum Erliegen gekommen. Trotzdem ist und bleibt der Hafen für Hamburg wichtig. Zum bis heute ständig wachsenden Aufkommen der umgeschlagenen Tonnage im Hamburger Hafen ist der Stadt mit den ebenfalls stark angestiegenen Zahlen touristischer Besucher ein weiterer bedeutender Wirtschaftsfaktor zugewachsen. Der schnell fortschreitende Ausbau der Hafencity als ein völlig neu erschlossener Stadtteil entwickelt seine eigene Dynamik und prägt bereits heute ganz entscheidend das veränderte Bild der einstigen Wirtschaftszone.

Die Reihung der neu zusammengestellten Aufnahmen folgt, ausgehend von den St. Pauli-Landungsbrücken und ihrer Umgebung im Uhrzeigersinn, entlang der Stadtseite des alten Hafengebietes über die Speicherstadt bis zu den Häfen an der Oberelbe bei den Elbbrücken. Anschließend werden Anlagen auf der anderen Seite des Flusses präsentiert, die teilweise auch von den Schiffen der Hafenrundfahrt besucht werden, um dann über den Köhlbrand mit der bekannten Hochbrücke wieder den Hauptstrom der unteren Elbe bei Altona zu erreichen. Mein Dank gilt Kapitän H. Pawolofsky vom Oberhafenamt der Stadt Hamburg für seine fundierten Informationen über den Hafen von gestern und heute.

Jan Roewer

Germany's Gate to the World

In 1888 Hamburg Free Port was opened and brought a tremendous upswing to the city. That was the reason for Franz Schmidt and Otto Kofahl in 1908, to publish 170 photographs of the Port of Hamburg, by which they documented an economically important and lively phase in the harbour's history. The Free Port is the area, where goods can be stored without paying duty. Duty will only be charged later, when the goods are brought to the city. This regulation led to the erection of huge warehouses, with their famous center – the so-called Speicherstadt. Even nowadays the Speicherstadt with an area of about 350 000 m_ is still one of the biggest joint warehouse facilities of the world.

For this volume we chose about 50 historical photographs and compared them with present photos. This comparison shows the important changes of the harbour during the past 100 years. Some basins have disappeared completely. Others were filled up with the rubble of houses, destroyed during World War II. In other basins the shipping traffic nearly stopped. Nevertheless the harbour was and still is an important factor for Hamburg. The volume of the goods turned over in the harbour has still been growing, and by the considerably increased number of tourists the city has achieved another important economic section. The harbour city is a quickly developing quarter, and with its own dynamics it characterises the changes within this former economic zone.

The sequence of the newly compiled photos is clockwise from St. Pauli Landungsbrücken (landing stages) and their surroundings via the city side of the old harbour, the Speicherstadt up to the harbours of the upper Elbe close to the Elbbrücken (the Elbe bridges). Then some plants on the other side of the river are shown – some of them can be visited on a boat trip around the harbour. Via the Köhlbrand with the famous high bridge, it reaches the main river of the lower Elbe at Altona. I would like to express my gratitude to Captain H. Pawolofsky, member of the Supreme Port Authorities of Hamburg, for this sound information about the former and present harbour.

Jan Roewer

Die Landungsbrücken und der „Michel“

Der „Michel“, die Michaeliskirche, als weltweit bekanntes Bauwerk und die angrenzenden Landungsbrücken am Elbufer im Stadtteil St. Pauli mit seinem weltbekannten Vergnügungsviertel sind meist der Ausgangspunkt für Besichtigungen der „Stadt am Strom“ und ihres Hafens. Hier fahren die Schiffe und Barkassen der Hafenrundfahrt ab, und nach wie vor ist dies der größte Anlegeplatz aller im Hafengebiet fahrenden Personentransportschiffe. Ihnen gegenüber liegt das Hafengebiet, das diese Gegend schon immer stark geprägt hat. Vom jeweils am Sonntag abgehaltenen Fischmarkt bis hinauf zum „Michel“, entlang der Elbe am Niederhafen bis zur Innenstadt ist dieses Areal am Rande des Hafens stets ein Zentrum für alle Arten von Dienstleistungen, die einen Welthafen in Betrieb halten, gewesen.

Neben den früheren Wohnquartieren vieler Hafenarbeiter gibt es hier bis heute noch die traditionellen Schiffsausrüster und die Büros der Reedereien, Schiffsmakler und Versicherer. Technische Entwicklungen im Schiffbau, die Bedürfnisse modernen Gütertransports aber auch die Zerstörungen des Zweiten Weltkrieges haben im 20. Jahrhundert auch diesen Teil Hamburgs geprägt und entsprechend verändert.

The Landing Stages and the "Michel"

The well-known Michaeliskirche, called "Michel" and the close-by landing stages at the banks of the Elbe in the quarter of St. Pauli and its famous amusement district are popular places to start a trip around the city and the harbour. Here the ships and boats start for the trip around the harbour and it is still the biggest berth for all the passenger ships within the harbour area. Opposite to them is the industrial harbour that has always dominated the region. This area, from the Sunday fish market up to the "Michel" and alongside the Elbe river up to the city center, has always been the center of all the services needed to make a world harbour run. The former houses of the dock workers can be found here as well as the traditional ship's chandlers and the offices of the shipping companies, the ship-brokers and the insurance companies. During the 20th century, this part of Hamburg has been very much affected by technical developments, the needs of modern transport as well as by the destruction during World War II.

Die Hauptkirche St. Michaelis, erbaut ab 1762, und bekannt als „Michel“, gilt als das Wahrzeichen Hamburgs. Seit Jahrhunderten begrüßt der Michel alle elbaufwärts einlaufenden Schiffe aus der erhöhten Lage über der Stadt.

The main church St. Michaelis, called Michel, was built since 1762 and is the landmark of Hamburg. For centuries the Michel has welcome all the incoming ships on the upper Elbe from its position high above the city.

5 Pontons der Landungsbrücke mit Hafenschleppern, im Vordergrund eine Dampframme zum Bau von Uferbefestigungen.

The pontoons of the landing stage with harbour tugs, in the foreground a steam rammer for the construction of bank reinforcements.

1 Hafeneinfahrt mit Blick auf die St. Pauli-Landungsbrücken. Ein Raddampfer für den Personenverkehr hat am Ponton festgemacht (rechts unten im Bild). In der Elbmitte läuft ein Frachtschiff stromaufwärts in den Hafen.

Harbour entrance with view to the St. Pauli landing stages. A paddle-steamer for passenger transport moored at the pontoon (right below). In the middle of the Elbe river a cargo ship enters the harbour.

Blick auf die St. Pauli-Landungsbrücken von oberhalb der Hafenstraße mit Uhrturm. Die zwischen 1906 und 1910 erbaute Anlage wurde im Zweiten Weltkrieg zerstört und ab den 50er Jahren wieder aufgebaut. Im Hintergrund die neue Kehrwiederspitze.

View from above of the Hafenstraße to the St. Pauli landing stages and the clock tower. These facilities were constructed from 1906 to 1910. After being destroyed during World War II, they were rebuilt in the fifties. In the background the new Kehrwiederspitze.

121 Die Fährbrücke für Steinwärder, heute ein Vorort Hamburgs, mit heimkehrenden Werftarbeitern, die von Schleppern und Hafenbarkassen (Bildmitte) von ihren Arbeitsplätzen über die Elbe gebracht wurden.

The ferry bridge of Steinwärder, nowadays a suburb of Hamburg, with homecoming shipyard workers, who were brought back from their working places across the Elbe river by tugs and launches.

Jeweils am frühen Sonntagmorgen zieht es Tausende Schaulustige und Kunden zu jeder Jahreszeit auf den St. Pauli-Fischmarkt, der zu einer touristischen Attraktion geworden ist.

On each early Sunday morning, the St. Pauli fish market attracts thousands of onlookers and customers. The market is a tourist attraction at any season.

Anstelle der Hafentransportschiffe liegen heute die Fischkutter der Lieferanten für den sonntäglichen Fischmarkt, von denen teilweise auch direkt verkauft wird.

On Sundays, no harbour transportation ships, but the fishing trawlers anchor at the fish market. Some of the dealers sell directly to the visitors.

3 St. Pauli-Landungsbrücken mit Seemannshaus, Seewarte, dem Bismarckdenkmal und dem 132 Meter hohen Turm der Michaeliskirche. Davor der Dampfer „Hamburg“ der Hamburg-Amerika-Linie und Hafenbarkassen.

St. Pauli landing stages with Sailor's Home, Seewarte, Bismarck memorial and the tower of the Michaelis church, with a height of 132 meters. In the foreground the steam ship Hamburg of the “Hamburg-America-Line” and launches.

Moderne Fahrgastschiffe für Hafenrundfahrt und Elbverkehr an den Pontons der Landungsbrücken.

Modern passenger boats for harbour tours and Elbe travel at the landing stages.

165 Der alten Elbtunnel hinter den St. Pauli-Landungsbrücken wurde 1911 fertig gestellt. In dem Kuppelbau können Autos und Fuhrwerke, sowie gesondert Fußgänger auf mehreren großen Fahrbühnen 24 Meter in die Tiefe befördert werden.

The old Elbe tunnel behind the St. Pauli landing stages was finished in 1911. The domed building is the entrance to the tunnel. Several big ramps convey cars, waggons and pedestrians to a depth of 24 meters.

Etwa 16 Meter unter ihrem Hochwasserspiegel unterqueren zwei je sechs Meter breite weiß gekachelte Röhren die Elbe. Sie können von Fußgängern für einen Spaziergang mit einer Länge von 400 Meter genutzt werden.

About 16 meters below the high tide level, two tubes, each 6 meters wide and covered with white tiles underrun the Elbe river. They can be used by pedestrians for a walk of 400 meters length.

4 Der Dampfer „Hamburg“ der Hamburg-Amerika-Linie an den Landungsbrücken, bereit zur Abfahrt für eine Mittelmeerreise mit Kaiser Wilhelm II.
The steam ship “Hamburg” of the “Hamburg-America-Line” at the landing stages, ready for departure for a cruise to the Mediterranean Sea with Kaiser Wilhelm II on board.

Der „Hafengeburtstag“ zieht alljährlich Anfang Mai Tausende Besucher an die heute hauptsächlich touristisch genutzten St. Pauli-Landungsbrücken.
Every year by beginning of May, “Harbour Birthday” attracts thousands of visitors to the St. Pauli landing stages, which are used mainly for tourism purposes nowadays.

72 Die U-Bahnstation „Landungsbrücken“ vor der Einweihung 1907. Sie gehörte zu den ersten Haltepunkten der in Hamburg „Hochbahn“ genannten Ringlinie.

The underground Station “Landungsbrücken” before the inauguration in 1907. This station was one of the first stops of the circle line, the so-called “Hochbahn”.

An gleicher Stelle, kaum verändert und bei gleichem Namen von überall erreichbar: die Station „Landungsbrücken“, jetzt im großen Netz des Hamburger Verkehrsverbundes (HVV).

At the same place, nearly unchanged and easy to access: Station "Landungsbrücken", nowadays part of the big Hamburg Transport Network HVV.

Anstelle der vielen, im Zweiten Weltkrieg zerstörten Wohnhäuser am Niederhafen erheben sich moderne Zweckbauten, die an Schiffskonstruktionen erinnern. In dieser mittlerweile bevorzugten Lage haben sich große Verlage und Agenturen angesiedelt.

At the lower harbour many old houses were destroyed during World War II. Later, they were replaced by functional buildings, reminding of ships. This district is nowadays well reputed and has attracted many big agencies and publishing houses.

123 Ein enges Gängeviertel mit Bebauung aus dem 17. Jahrhundert direkt am Hafenrand war bis zum Ende des 19. Jahrhunderts ärmliches Wohnquartier vieler Hafenarbeiter.

Narrow streets with buildings from the 17th century. Until the end of the 19th century, this quarter close to the harbour was the poor home of many dockers.

124 Blick von einem Rheindampfer der Binnenschifffahrt im Niederhafen. Ein kleines Segelschiff wird von einem Dampfschlepper an seinen Liegeplatz gezogen.
View from a Rhine steam ship for inland navigation at the lower harbour. A steam tug tows a small sailing ship to the berth.

Jeweils zum „Hafengeburtstag" ist der Niederhafen heute Anlegeplatz der großen, historischen Windjammer vieler Seefahrt betreibender Nationen aus aller Welt.
During the Harbour's Birthday, the lower harbour is the berth for big historical windjammers of many seafaring nations from all over the world.

7 Auch die großen Kriegsschiffe der Kaiserzeit machten an den „Vorsetzen“, dem noch heute so benannten Hafenufer, fest. Hier ist es der Kreuzer „Leipzig“, rechts hinter einem Ewer, ein für die Elbe typisches Fracht- und Fischerfahrzeug, mit Zweimastbesegelung.

Even the big imperial warships anchored at the docks, the so-called “Vorsetzen”. Here it is the cruiser “Leipzig”. In the forefront a so-called Ewer, a two-masted sailing barge. The Ewer was a typical freight and fishing boat on the Elbe river.

Liegeplatz eines Löschbootes der Hafenfeuerwehr vor einer Barkasse der touristischen „Hafenrundfahrt“ bei der Einfahrt in die Fleete der Speicherstadt.

Berth of a fire-boat of the harbour fire brigade. In the background, a launch on a trip around the harbour, entering the canals of the Speicherstadt.

Blick von einem der modernen Bürohäuser des Hanseatic Trade Center an der Kehrwiederspitze über den Sportboothafen und den Hafenrand elbabwärts nach Westen. An der Überseebrücke liegt das weiße Museumsschiff „San Diego“.

Westward view from one of the modern buildings of the Hanseatic Trade Center at the Kehrwiederspitze over the sports boat harbour and the harbour's edge down the Elbe river. The white museum ship “San Diego” anchors at the overseas landing stages.

167 Blick elbabwärts nach Westen vom ehemaligen Kaiserspeicher an der Kehrwiederspitze und dem Hafentor.

Westward view down the Elbe river from the former Kaiserspeicher at the Kehrwiederspitze and the harbour's gate.

126 Liegeplatz der Hafenschlepper am Baumwall außerhalb des Freihafens im Winter.

Wintry berth with harbour tugs at the Baumwall, outside of the Free Port.

Barkassen und Schlepper für den Hafenbetrieb am Eingang zum Zollkanal.
Launches and tugs for harbour traffic at the entrance to the Zollkanal (Customs Canal).

Die Speicherstadt und angrenzende Innenstadt

Folgt man vom Niederhafen den Wegen entlang der Elbe, kommt man zum Zollkanal, der die Wohnstadt vom Hafen trennt. Die frühesten Hafenanlagen des Mittelalters, wie der „Kai" oder andere Anlandestellen, lagen an den hier mündenden „Fleeten" der Altstadt, wie die Seitenarme der Elbe und verbindende Kanäle Hamburgs genannt werden. Früher belebt, hauptsächlich mit Lastkähnen, den „Schuten", dienten sie sowohl dem innerstädtischen Gütertransport, besonders auch in den Hafen, wie – leider – auch der allgemeinen Abwasserentsorgung. Dieser Umstand führte letztlich zur Cholera-Epidemie von 1892, der 8600 Menschen zum Opfer fielen. Im Laufe der Jahrhunderte breitete sich der Hafen schrittweise nach Westen wie auch nach Osten und über die Elbe hinweg aus. Um Platz für den Bau der berühmten Speicherstadt zu schaffen, wurde am Ende des 19. Jahrhunderts ein ganzer Stadtteil, der 20 000 Menschen beherbergt hatte, abgerissen.

Dass Hamburg wegen seiner vielen „Fleete" zu Recht auch das „Venedig des Nordens" genannt wurde, wird bis heute zwischen den langen Reihen der historischen Lagerhäuser in der Speicherstadt deutlich. Überquert man eine der zahlreichen Brücken, die die Altstadt mit der Speicherstadt verbinden, so betritt man eine andere Welt. Die Speicherstadt, die bis heute ein riesiges Warenlager des Welthandels auf ca. 650 000 Quadratmeter Fläche bietet, wurde von Bauarbeitern, die überwiegend aus Holland stammten, in historisierender Ziegelbauweise als Zollauslandsgebiet errichtet. Nach dem Zollanschluss Hamburgs an das damalige Deutsche Reich übernahmen die neuen Gebäude ab 1888 auch die Funktionen der zahlreichen alten Kaufmannsspeicher der Innenstadt, die alle Privilegien der Zollfreiheit verloren hatten.

Am östlichen Ende der Speicherstadt und hinter dem Messberg vermischen sich Hafen- mit Industrieanlagen und früher, dort wo die Freihafengrenze die Wasserverkehrsstraßen überschnitt, auch mit den Zollabfertigungsstellen. Hier waren die auf die Oberelbe ins Hinterland Hamburgs abgehenden Waren anzumelden und zu verzollen. Die Speicherstadt ist das Highlight jeder Hafenrundfahrt oder auch eines Spaziergangs am Elbufer. Sie bildet zudem die Basis der seit einigen Jahren mit enormer Dynamik entstehenden modernen Hafencity auf dem „Grasbrook". Bis zum Ufer des vormaligen Strandhafens hin erheben sich jetzt großzügige Büro- und Wohnhäuser, effektvoll kontrastierend im Stil heutiger Zeit.

The Speicherstadt and the adjoined Town Centre

Following the ways along the Elbe from the Lower Harbour, you get to the Zollkanal, which separates the residential area from the harbour. The oldest parts of the medieval harbour, like the so-called "Kai" and other berths, were placed at the mouths of the "Fleeten" of the old city (Fleeten is the name for the Elbe's tributaries and the connecting canals in Hamburg). The canals were intensively used for the urban transport of goods by cargo boats ("Schuten"), especially into the harbour. Unfortunately, the canals served also for the general disposal of sewage, which finally led to the big cholera epidemic in 1892, when 8,600 people died. During the centuries the harbour spread step by step to the west as well as to the east and across the Elbe. At the end of the 19th century, a complete residential area for 20,000 inhabitants was teared down to create space for the famous Speicherstadt.

Due to its "Fleeten", Hamburg was called the "Venice of the North". This is proved by the long rows of historical warehouses in the Speicherstadt. When crossing one of the numerous bridges that connect the old city with the Speicherstadt, you enter a different world. Even nowadays, the Speicherstadt is a huge stock of the world trade with space of about 650,000 square meters. It was built mainly by Dutch workers in a historicizing brick construction and served as a foreign customs area. When Hamburg joined the customs area of the German Reich then in 1888, the new buildings took over the functions of the numerous old warehouses of the city, which had lost all privileges of tax exemption. At the eastern end of the Speicherstadt and behind the Messberg, harbour facilities are mixing with industrial plants and formerly, where the borders of the Free Port crossed the waterways, even with custom offices. The goods to be shipped on the upper Elbe to Hamurg's back country had to be custom cleared at this point. The Speicherstadt is the highlight of every trip around the harbour or of a walk along the banks of the Elbe. It is as well the basis for the modern harbour city at the "Grasbrook" that has been arising for a few years with enormous dynamics. Up to the banks of the former "Strandhafen", spacious office and residential buildings have risen, showing a striking contrast.

Der Sportboothafen vor der Kehrwiederspitze mit den beiden höchsten Bürohäusern der neuen Hafencity.
View of the two highest towers of the Hafencity and the sports boat harbour at the Kehrwiederspitze.

The Kaiserspeicher of the "Hamburger Freihafen-Lagerhausgesellschaft" with the "time ball". Since the 19th century, this was a popular method in harbours for precise time indication. 10 minutes to 12 a big black ball was lifted up on a mast and dropped down precisely at 12 o'clock Greenwich time. By this way the sailors could check their chronometers.

10 Der Kaiserspeicher der Hamburger Freihafen-Lagerhausgesellschaft mit dem Zeitball, einer seit dem 19. Jahrhundert in Seehäfen weit verbreiteten Anlage für eine einheitliche Zeitangabe. Zehn Minuten vor zwölf wurde ein schwarzer großer Ball an einem Mast hochgezogen und pünktlich um 12 Uhr Greenwicher Zeit (=13 Uhr MEZ) herabgelassen. Nach diesem weithin sichtbaren Signal kontrollierten die Seeleute ihre Chronometer.

166 Kaiserhöft mit dem Kaiserspeicher an der Kehrwiederspitze. Seine Anlagen ermöglichten es, Lösch-und Ladebetrieb der Seeschiffe gleichzeitig abzuwickeln.

The Kaiserhöft with Kaiserspeicher at the Kehrwiederspitze. Its facilities enabled it to unload and to load the boats simultaneously.

Der Raddampfer „Mississippi Queen“ auf großer Hafenrundfahrt vor der neuen Kehrwiederspitze.
The paddle-steamer “Mississippi Queen” on a long trip around the harbour at the new Kehrwiederspitze.

12 Güteraustausch am Sandtorkai im Sandtorhafen. Oberländerkähne werden auch allein durch Muskelkraft zwischen den festgemachten Schiffen bewegt.

Exchanging goods at the Sandtorkai. The barges are moved between the ships by muscle-power only.

54 Verladearbeiten mit Sackkarren an einem alten Lagerschuppen aus dem Jahre 1866 am Sandtorkai.

Loading with hand-carts in an old warehouse at the Sandtorkai in 1866.

Bis heute ist die Anlegestelle „Sandtorhöft“ der Personenschifffahrt Knotenpunkt für viele Beschäftigte im ganzen Hafengebiet.

Even nowadays, the station for passenger transport is a junction for many harbour workers.

164 Über fast einen Kilometer zieht sich die Flucht der Lagerhäuser an Kehrwieder- und Brooksfleet in den ehemaligen Freihafen hinein.
The line of the warehouses at the Kehrwieder- and the Brooksfleet drags about one kilometre into the former Free Port.

Auf der historischen Kehrwiederspitze am Eingang des Brooksfleets wurden moderne Bürohäuser errichtet. Hier beginnt der westliche Teil der neuen Hafencity.
The entrance of the Brooksfleet at the historical Kehrwiederspitze. Here starts the western part of the harbour city with modern office buildings.

127 Der Binnenhafen diente den zahlreichen Schleppern, Barkassen und Schuten als stadtnaher Liegeplatz.

Many tugs, launches and barges used the inner harbour as an urban berth.

Der Schwimmkran eines Taucherunternehmens verlässt den Binnenhafen in Richtung Elbe.

The floating crane of a diving company leaves the inner harbour towards the Elbe.

130 Der 45 Meter breite Zollkanal verbindet Nieder- und Oberhafen entlang des Innenstadtgebietes. Am Dovenfleet werden Bretter aus einem Oberländerkahn auf Rollwagen überladen.

The Zollkanal with its width of 45 meters links the lower and the upper harbour alongside the central area of the city. At the Doovenfleet, planks are unloaded from a barge to carriages.

Über neuen Uferbefestigungen steht der damals „Neue Kran" noch heute als einer der letzten Zeugen für die Hafentechnik des 19. Jahrhunderts am Zollkanal.

Above the new bank reinforcements, the formerly "New Crane" is nowadays one of the last witnesses to the harbour technologies of the 19th century at the Zollkanal.

Das Ende des ehemaligen Steckelhörnfleets. Es wurde nach dem Zweiten Weltkrieg zugeschüttet.

Here ends the former Steckelhörnfleet. The canal was filled up after World War II.

129 Am Steckelhörnfleet stehen einige alte Giebelspeicher in Fachwerkbauweise. Die im Fleet liegenden Schuten wurden durch Winden in den Giebelkästen der Lagerhäuser be- und entladen.

Some old half-timbered gable warehouses at Steckelhörnfleet. Loading and unloading of the barges was done by winches from the gable-roof.

128 Marktkähne mit Gemüse, Obst und ländlichen Produkten aus der Umgebung Hamburgs für den Hopfenmarkt an der Holzbrücke im Nikolaifleet, ursprünglich dem ältesten Seeschiffhafen Hamburgs.

Market boats with vegetables, fruits and rural products from the surroundings of Hamburg for the Hopfenmarkt at the wooden bridge over the Nikolaifleet. Originally, this was the first seaport of Hamburg.

An gleicher Stelle liegt heute der ehemalige Elbewer „Olle Paula“ aus dem Jahre 1902 als Theaterschiff „Thespiskahn“. Er bietet 40 Zuschauern Platz bei kulturellen Veranstaltungen und Lesungen.

At the same place lies nowadays the barge “Olle Paula”. This boat, built in 1902, serves as the theater ship “Thespiskahn” and offers space for 40 persons for cultural events and readings.

132 Vor der Kornhausbrücke am Zollkanal entladen Arbeiter Basaltsteine zur Straßenbepflasterung aus einem Oberländerkahn mit Handkranbetrieb.

Workers unloading basalt stones for road construction from an "Overländer" boat in front of the Kornhausbrücke at the Zollkanal. The crane is moved by muscle-power.

Arbeitskolonne bei der Instandsetzung der Uferbefestigung am Zollkanal. Im Hintergrund der Messberg.

A group of workers reinforcing the banks of the Zollkanal. In the background: the Messberg.

131 Am Zollkanal neben der Kornhausbrücke werden Bretter aus einem Oberländerkahn entladen. Links dahinter der ehemalige „Dovenhof", in dem sich ein Postamt befand.

Unloading planks from a barge at the Zollkanal, close to the Kornhausbrücke. In the background left the former "Dovenhof" with a post office.

Moderne Uferbefestigungen und „Spiegelhaus“ am Zollkanal, der das Freihafengebiet der Speicherstadt von der Innenstadt trennt.

Modern reinforcements and the “Spiegelhaus” at the Zollkanal. The Zollkanal divides the city center from the Free Port Area of the Speicherstadt.

134 Über den Zollkanal wurde auch der ehemalige Gemüsemarkt am Messberg von Elbkähnen versorgt.
Barges used the Zollkanal to transport goods to the former (vegetable market) at the Messberg.

Nach der 1908 begonnenen Sanierung auch des ehemaligen Wohnviertels entstanden Bürohäuser und 1925 das berühmte „Chilehaus“ des Architekten Fritz Hoeger (Mitte).
The former residential area was redeveloped since 1908. Office buildings and the famous “Chilehaus” (center) by architect Fritz Höger in 1925 were erected.

156 Stromaufwärts verlief die ehemalige Zollgrenze zum Freihafen durch den Brooktorhafen. Über diese Zollstelle wurden die für das östliche Stadtgebiet und das dahinterliegende Umland bestimmten Waren abgefertigt und eingeführt.

Upstream, the former customs boundary line to the Free Port ran through the Brooktorhafen. Via this customs office, goods destined for the eastern parts of the city and its surroundings were cleared and imported.

Nach dem Zweiten Weltkrieg wurde der Brooktorhafen teilweise zugeschüttet. Das entstandene Gelände ist heute Bauplatz für die Erweiterung der neuen Hafencity. Die alten Speicher liegen am Brooktorkai.

After World War II, the Brooktorhafen was partly filled up. The new area has been used for the extension of the new harbour city. The old warehouses are located at the Brooktorkai.

161 Kontorhaus und Speicher der Freihafen-Lagerhausgesellschaft im Renaissancestil mit der St. Annen-Brücke.
Renaissance-style office building and warehouse of the "Freihafen-Lagerhausgesellschaft" and St. Annen Bridge.

Auch heute noch ein Prunkgebäude der Speicherstadt: der Sitz der Hamburger Hafen- und Lagerhaus AG.
Still a showpiece of the Speicherstadt: The headquarters of the “Hamburger Hafen- und Lagerhaus AG”.

162 Speicherblock am St.-Annen-Ufer, links die Feuerwache für den Speicherbezirk in Form eines Brückenhäuschens.

Warehouse at the St. Annen banks, on the left the fire station of the Speicherstadt, built as a bridge house.

In gleichfarbiger Ziegelbauweise steht der moderne Zweckbau der Zollabfertigungsstelle Ericus zwischen der historischen Bausubstanz.

The modern building of the Ericus customs office. To fit with the historical buildings, it was constructed with bricks of the same colour.

163 Freihafen-Lagerhäuser am Wandrahmfleet mit der St. Annen-Brücke. Schuten werden mit Kaffeesäcken beladen.

Warehouses of the free port at the Wandrahmfleet with St. Annen bridge. Lighters being loaded with bags of coffee.

Der Fesselballon „HighFlyer“ steht in 150 Meter Höhe hinter dem Wandrahmfleet. Er ist an einem Stahlseil befestigt und kann jeweils bis zu 30 Personen in seiner Gondel aufnehmen.

The captive balloon “High Flyer” stands 150 meters high over the Wandrahmfleet. It is fastened by a steel cable and the gondola may carry up to 30 persons.

75 Im Grasbrookhafen rudern Fischer ihr kleines Boot mitten durch den Hafenverkehr, ein auch seinerzeit schon seltenes Bild.
Even in former times a rare picture: Fishermen rowing their little boat through the middle of the harbour traffic.

Auf dem Grasbrook entsteht das Zentrum der neuen Hafencity mit Freizeitflächen, wie hier die Magellanterrassen am Sandtorhafen, der zu einem Traditionsschiffhafen ausgebaut wird.

At the Grasbrook, the center of the new harbour city arises with leisure areas like the Magellan terraces at the Sandtorhafen. This port will be extended as a harbour for traditional ships.

76 Die Gasanstalt auf dem Grasbrook mit ihrem 76 Meter hohen Riesengasbehälter wurde 1909 fertig gestellt, nachdem ihr Vorläufer nicht mehr in der Lage war, den gestiegenen Bedarf an Gas für die schnell wachsende Stadt zu decken.

The gasworks at the Grasbrook with its gasometer of 76 meters height. It was finished in 1909, as the former gasworks could not cover the extended needs of the fast growing city.

Ein modernes Heizwerk versorgt jetzt den neu entstehenden Stadtteil der Hafencity, der hier seine U-Bahnstation „Überseequartier" erhalten soll.

A modern heating plant is supplying now the newly arising quarter of the harbour city, which shall obtain its underground station "Überseequartier" here as well.

23 Blick auf den Strandhafen mit dem Dampfer „Kaiser Friedrich“ von Süden. Eine Dampfbarkasse befördert Hafenbesucher auf einer Rundfahrt.
View from the south to the Strandhafen with the steam ship “Kaiser Friedrich”. A steam launch with visitors on a trip around the harbour.

Am Strandkai liegt heute das provisorische Kreuzfahrt-Terminal, das später durch ein Hotel ersetzt werden soll. Das Kreuzfahrtschiff „Hanseatic“ der Deilmann-Reederei legt ab.
Located at the “Strandkai”: The provisional cruise terminal, which shall be replaced later by a hotel. The liner “Hanseatic” of the “Deilmann Shipping Company” is about to sail.

28 Pferdefuhrwerke beim Abtransport von angelandeten Früchten am Früchteschuppen im Baakenhafen.

Horse carts dispatching fruits from the warehouse at the Baakenhafen.

Heute herrscht gähnende Leere im einst belebten Hafenbecken des Baakenhafens.

Nowadays the dock at the formerly busy Baakenhafen is totally empty.

151 An der großen Zollbrücke auf der Insel Entenwärder werden Lastkähne vom Zoll abgefertigt. Im Hintergrund die Elbbrücken.

Cargo barges are custom cleared at the big customs bridge on the island of Entenwärder. In the background the Elbbrücken (Elbe bridges).

An vielen Stellen, wie hier flussaufwärts vor den Elbbrücken, hat die Natur das Ufer zurückerobert. Am „Haken" herrscht idyllische Ruhe.

At many places nature has regained the banks. Upstream, in front of the Elbbrücken at the "Haken" (the hook) idyllic peace is ruling.

139 „Am Haken“. Vor der Industrieanlage der Norddeutschen Spritwerke liegen zahlreiche Oberlandkähne.

“Am Haken”. Many barges are lying in front of the industrial plant of the “Norddeutsche Spritwerke”.

153 Auf der Oberelbe bei Entenwärder ziehen Schleppdampfer Frachtkähne elbabwärts.

On the upper Elbe at Entenwärder: Steam tugs are pulling cargo barges downstream.

An der Oberelbe wird wieder geangelt.

The upper Elbe has become a place for fishing again.

50 Eine Hafenfähre für die Personenbeförderung verlässt das Amerikahöft in Richtung Strandhafen.

A harbour passenger ferry is leaving the "Amerikahöft" towards the Strandhafen.

146 Im Spreehafen liegen nebeneinander etliche Lastkähne mit Familienwohnungen an Bord.

Several launches with family homes lying at the "Spreehafen".

Die linkselbischen Häfen

Die beiden Elbufer sind nicht nur durch den alten und neuen Elbtunnel im westlichen Hamburg und die Elbbrücken im Osten verbunden. Bis heute spielt die Personenschifffahrt eine große Rolle, bietet sie doch den kürzesten Weg über die Elbe in die alten und neuen Hafengebiete. Und nach wie vor sind es im Hafen Beschäftigte, von denen viele ihren Arbeitsplatz per Schiff ansteuern. Wenn auch moderne Logistik und zeitgemäße Verladetechnik zahlreiche Arbeiten der ehemals Zehntausende zählenden Hafenarbeiter übernommen haben, so kommt der menschlichen Arbeitskraft dennoch eine wichtige Funktion zu.

Bis ins vorige Jahrhundert hinein umfassten die eigentlichen Flussschiffhäfen die linkselbischen großen Hafenbecken. Sie dienten hauptsächlich als Liegeplätze für reine Lagerkähne. Der Lösch- und Ladebetrieb spielte sich auch von Kahn zu Kahn ab. Wichtigste und bis heute attraktivste Anlagen aber sind die oberen Seeschiffhäfen, die sogar noch lange Zeit ein gesondertes Becken für Segelschiffe umfassten. Schon ab 1860 hatte man sich, im Gegensatz zu anderen Seehäfen Westeuropas, für den Ausbau eines modernen Tidehafens entschieden. Ein Tidehafen, der zum Meer hin offen ist, unterliegt dem Wechsel von Ebbe und Flut. Obgleich die Nordsee mehr als 100 Kilometer entfernt ist, wirkt sich der so genannten Tidehub noch aus. Die Zahl der abzufertigenden Schiffe hängt ganz wesentlich von den Gezeiten und dem Tiefgang der Schiffe ab.

Die mehrmastigen Segelschiffe wurden mit Aufkommen der Dampfmaschine als Schiffsantrieb ab 1840 allmählich von reinen Dampfschiffen abgelöst. Die heutigen Containerschiffe werden mit Dieselöl betrieben. Gegenüber den St. Pauli-Landungsbrücken und umgeben von den verschiedenen Liegeplätzen direkt an der Elbe lagen die großen Traditionswerften wie Blohm & Voss. Sie bauten, reparierten und modernisierten die größten Schiffe ihrer Zeit sowohl an Land wie auch in riesigen schwimmenden Docks. Während der großen Hafenrundfahrt sind verschiedene Unternehmen am Hafenufer wie auch die heute noch frequentierten Hafenbecken mit darin liegenden Schiffen aus nächster Nähe zu betrachten.

The harbours on the left side of the Elbe

Both banks of the Elbe are not only linked by the old and the new Elbe tunnels in the west and the Elbe bridges in the east. Until today the passenger navigation has played an important role, because it offers the shortest way across the Elbe to the old and new harbour areas.

Numerous employees of the harbour are heading for their working place by ship. And although modern logistics and loading technologies have replaced several ten thousands of dock workers, human labour has still an essential function.

Until the last century, the huge basins left of the Elbe contained the docks of the river navigation. They served predominantly as berths for cargo boats. Loading and unloading was also done from ship to ship. The most important and as yet the most attractive plants are the upper sea ports, which for a long time even included their own basin for sailing ships. Contrary to other West European sea ports, Hamburg decided in 1860 to construct a modern tidal harbour. A tidal harbour is open to the sea and depends on ebb and flow. Although the North Sea is more than 100 kilometers away, the so-called tidal swing is evident. The quantity of ships to be cleared depends essentially on the tides and the draught of the ships.

The use of steam engines to drive ships after 1840 pushed away the multiple-mast sailing boats step by step. Today's container ships are run by diesel fuel. Opposite to the St. Pauli landing stages and surrounded by various berths directly on the Elbe river, the big traditional shipyards like Blohm & Voss could be found. They built, repaired and modernized the biggest ships of their time at land as well as in huge floating docks. During the long trip around the harbour, various companies located in the docks as well as the still used basins with ships therein can be watched at short distance.

142 Lastkähne im Saalehafen vor den Speichern der Lagerhausgesellschaft am so genannten Dessauer Ufer.
Launches in the Saalehafen in front of the warehouses of the “Lagerhausgesellschaft” at the so-called “Dessauer Ufer”.

Früher Umschlagplatz für Güter aus Binnenschiffen werden die östlichen Hafenbecken heute nur noch von Arbeits- und Entsorgungsfahrzeugen genutzt. Wo neben älteren Lagerschuppen heute ausgediente Kastenschuten liegen, soll im Zuge des Ausbaus der Hafencity ein Liegeplatz für moderne Wohnschiffe entstehen.

Formerly a trans-shipment center for goods from inland carriers, nowadays the eastern docks are only used by labour and disposal vehicles. Where sorted out barges anchor next to old warehouses, a berth for modern houseboats shall be built as part of the extension of the harbour city.

55 Mit einem Klappkasten löscht der Dampfer „Valeria“ Korn im Hansahafen.

The SS "Valeria" unloading grain with a so-called flap case.

53 Das Innere des Schuppens 35 am Oswaldkai, seinerzeit die technisch modernste Kaianlage in staatlichem Betrieb.

The inside of shack 35 at the Oswaldkai. In former times the technically best equipped state-owned quay facilities.

Der Charakter der oberelbischen Häfen hat sich gänzlich gewandelt. Im Hansahafen legen keine Hochseeschiffe mehr an. Es gibt noch Depots und Liegeplätze für Arbeitsschiffe und Taucher. Das Gelände ist als Marina für die Hafencity vorgesehen.

The character of the upper Elbe harbours has completely changed. No ocean liners are anchoring at the Hansahafen any longer. There are still depots and berths for labour boats and divers. This area is scheduled as a marina for the harbour city.

63 Am Afrika-Kai des Indiahafens übernimmt der Dampfer „Edfu" mit einem Dampfkran Eisen aus Bahn-Güterwagen für die Westküste Südamerikas.

At the Africa Quay of the Indiaharbour: With a steam-powered crane, the steam ship "Edfu" is loading iron for the westcoast of South America from a lorry.

Die Verladung von Gütern aller Art erfolgt heute in genormten Containern über gigantische Hebebrücken wie hier am Europakai im Vorhafen.

Nowadays, the shipment of goods is made in standardized containers that are lifted by gigantic cranes, like here at the Europe quay in the Vorhafen.

64 Kranleichter und Fischerboote am Afrikahöft, im Hintergrund das Panorama der Stadt.
Crane lighters and fishing boats at the "Amerikahöft". In the background the skyline of the city.

Beladung eines älteren Stückgutfrachters am Oswaldkai.
Loading of an elderly freighter at the Oswaldkai.

155 Der Ellerholzhafen mit einem Verwaltungsgebäude und dem Tourendampfer „Kaiser“ am Hafeneingang. Am linken, noch unbebauten Ufer zeigt sich die damals noch begrenzte Ausdehnung des Hamburger Hafens nach Süden.

The Ellerholzhafen with an administration building and the steam ship “Kaiser” at the entrance to the harbour. The left bank, undeveloped at that time, shows the limited southern extension of the Port of Hamburg in that period.

Modernes Containerschiff mit hoher Brücke am Mönckebergkai im Ellerholzhafen.

A modern container ship with high bridge at the Mönckebergkai in the Ellerholzhafen.

145 Ein abgetakeltes Lastschiff im Klütjenfelder Hafen.
Unrigged cargo ship in the Klütjenfelder Harbour.

Ein Schwimmkran bei Reparaturarbeiten an den Uferbefestigungen.
A floating crane repairing the bank reinforcement.

101 Die Getreideheber an der Siloanlage im Kuhwerderhafen. Links verlädt ein Schwimmkran Schwergut auf den Dampfer „Oceana“.

Grain lifters at the silos at Kuhwerderhafen. Left: A floating crane loading heavy goods on the steam ship “Oceana”.

Moderne Siloanlagen am Mittelkai im heutigen Vorhafen.

Modern silos at the “Mittelkai” in the “Vorhafen”.

94 Das große Elbdock der Firma Blohm & Voss hatte bei der Tragfähigkeit von 22 500 Tonnen eine Länge von 250 Metern. Hier liegt eingedockt der Doppelschraubendampfer „Caecilie".

The big Elbe dock of the company Blohm & Voss had a maximum load of 22,500 tons with a length of 250 meters. The photo shows the docked "Caecilie", a twin-propeller driven steam ship.

Auch große Docks sind heute überdacht, um alle Arbeiten an den Schiffen trotz schlechten Wetters ausführen zu können.

Nowadays even big docks are equipped with roofs, enabling to continue work at bad weather.

Dock 11 der Firma Blohm & Voss und der Werfthafen vom Elbufer bei St. Pauli gesehen.
View from the Elbe banks at St. Pauli: Dock 11 of the company Blohm & Voss and the shipyard harbour.

87 Die Schwimmdocks der Firma H. C. Stülcken. Im Vordergrund ein altes Holzdock aus Eiche von 1858, der Gründerzeit der Firma (1846). Dahinter ist ein Segelschiff mit drei Masten zu erkennen.
The floating docks of the company H. C. Stülcken. In the foreground an old wooden dock made of oak, dating back from 1858 (company was founded in 1846). In the background a sailing ship with 3 masts.

90 Schiffswerft und Maschinenfabrik: Ausgediente Schiffsschrauben auf dem Gelände der Stülckenwerft.
Worn out propellers at the Stülckenwerft, a shipyard and engineering works.

Auf dem Gelände der ehemaligen Stülckenwerft steht heute ein viel besuchtes Musicaltheater.
On the premises of the former Stülckenwerft: A popular musical theater.

117 Der Vorhafen mit dem Zollponton, dem Köhlbrand und dahinter der Unterelbe.
The Vorhafen with Zollponton (customs bridge), Köhlbrand and in the background the lower Elbe.

Letzte Blicke

Der Hafen von heute hat längst die seinerzeitigen Grenzen verlassen. Die zeitgemäße Anbindung des Güterfernverkehrs brachte in den vergangenen 50 Jahren eine weitere Ausdehnung besonders nach Süden und Westen in Richtung der Elbmündung, wo sich Industriebetriebe angesiedelt haben. Einst gingen in diesem Teil des Hafens, der ausschließlich dem transatlantischen Seeverkehr vorbehalten war, die Ozeanriesen der Hamburg-Amerika-Linie vor Anker. Von beiden Ufern an der Unterelbe hat man auch heute noch einen grandiosen Blick auf die täglich ein- und auslaufenden Schiffe.

Last views

For a long time, today's harbour has extended its old limits. The adequate connection of the long-distance haulage during the past 50 years resulted in a further extension especially to the south and west towards the mouth of the Elbe river, where industrial plants have settled. Formerly, this part of the harbour was reserved for the transatlantic navigation, where the huge ocean liners of the "Hamburg-America-Line" anchored. Both sides of the lower Elbe offer a magnificent view of the ships, entering or leaving the harbour.

Um den Straßenverkehr über die Elbbrücken und durch den neuen Elbtunnel zu entlasten, wurde 1974 die neue Hochbrücke über den Köhlbrand für den Autoverkehr freigegeben.

In 1974 the new high bridge over the Köhlbrand was opened for cars in order to reduce the traffic on the Elbe bridges and through the new Elbe tunnel.

170 Die Hafenausfahrt vor dem letzten Leuchtfeuer am Altonaer Hafen.
The harbour's exit in front of the last beacon at the port of Altona.

Kurz hinter dem Stadtteil Altona liegt elbabwärts bei Neumühlen der Museumshafen. Kleinere Schiffe verschiedener Typen und Baujahre liegen hier dicht beieinander. Der neue Elbtunnel unterquert von hier aus die Elbe.

The museum harbour is located downstream near Neumühlen just behind Altona. Many smaller ships of various styles and ages are anchoring here close-by. From here, the new tunnel underruns the Elbe.

169 Abendstimmung auf der Unterelbe.
Evening mood at the lower Elbe

Täglich laufen ungefähr 20 Hochseeschiffe elbaufwärts den Hamburger Hafen an.

About 20 ocean liners per day enter the Port of Hamburg upwards the Elbe river.

Weitere Hamburg-Bücher aus dem Wartberg Verlag

Hamburg – Gestern und heute
Eine Gegenüberstellung
von Horst Wisser,
Karin Kiemer
60 S., geb., zahlr. Farb- und S/w-Fotos
(ISBN 3-86134-407-6)

Hamburg ... neu entdecken
von Heike Barnitzke
48 S., geb., zahlr. Farbfotos
(ISBN 3-8313-1363-6)

Arbeit, Handel, Fernweh –
Menschen im Hamburger Hafen
(vor 1945)
von Joachim Paschen
64 S., geb., zahlr. S/w-Fotos
(ISBN 3-8313-1197-8)

Als der Feuertod vom Himmel stürzte
Hamburg – Sommer 1943
von Egbert A. Hoffmann
48 S., geb., zahlr. S/w- Fotos,
(ISBN 3-8313-1389-X)

Wartberg Verlag GmbH & Co. KG
Bücher für Deutschlands Städte und Regionen
Im Wiesental 1 · 34281 Gudensberg-Gleichen · Telefon (0 56 03) 9 30 50 · Fax (0 56 03) 30 83
www.wartberg-verlag.de